JN436616

詩를 쓰는 순간, 내 영혼은 바다가 된다

우리들의 여름

김경아 김나림 김명희 김민아 김민주 김순자 김은정 노신희
문상희 박보배 박정애 변혜영 손임선 송태순 신임선 윤경희
윤향옥 이려금 이선정 이성숙 이숙희 이영신 이정금 이정숙
이정안 이진결 장윤진 정지원 조경미 최경순 최영혜 지음

대경북스

우리들의 여름

1판 1쇄 인쇄 2023년 8월 7일
1판 1쇄 발행 2023년 8월 10일

발행인 김영대
편집디자인 임나영
펴낸 곳 대경북스
등록번호 제 1-1003호
주소 서울시 강동구 천중로42길 45(길동 379-15) 2F
전화 (02)485-1988, 485-2586~87
팩스 (02)485-1488
홈페이지 http://www.dkbooks.co.kr
e-mail dkbooks@chol.com

ISBN 978-89-5676-984-4

삶은 우리를 시인이라 부른다

당신에게 모든 순간
시인이 될 수 있는 권한이 있음을 깨닫기 바란다.

[재클린 서스킨, 시처럼 쓰는 법]

〈우리들의 여름〉 작가님들의 리더이자

글쓰기에 진심인 이정숙 대표님,

공저를 기획하고 책 출간 과정을 총괄한 백미정 책 쓰기 코치.

그녀들의 이야기를 시작한다.

Question 01.

작가님과 개인 저서 작업, 공저 작업을 함께한 것이 다섯 번 넘지 싶어요. 끊임없이 집필 작업을 하시고 글쓰기 동지들을 모을 수 있는 힘이 어디서 나는지 궁금합니다.

글쓰기는 생존을 위해 필수이고, 함께의 힘은 크고 강하다는 것을 경험했습니다. 공저, 오랜 시간 기도하며 꿈꾸었던 일입니다. 책 읽고 글 쓰는 시간이 나를 변화시킬 수 있는 강력한 도구 중 하나임을 깨달았어요. 글쓰기에 진심인 제 마음이 동지들을 이어 주었습니다.

Question 02.

작가님에게 글쓰기란 무엇일까요?

촉촉이 내리는 비에 비유하고 싶어요. 마침 이 글을 적고 있는 2023년 7월 13일 새벽, 장대비가 내리고 있네요. 제가 글 쓰는 시간은 주로 새벽인데 살아있음을 느끼게 하는 귀한 시간입니다. 자연을 깨워주는 비처럼, 우리의 영혼을 깨워주는 글쓰기는 참 좋은 벗입니다.

Question 03.

이번엔 詩 영역에 도전해 보았어요. 그동안 써 왔던 도서 분야와 달라서 새로운 경험을 하게 된 것 같아요. 시를 쓰면서 들었던 생각을 자유롭게 말씀해 주시겠어요?

함축적인 언어로 내 마음을 표현하고 타인을 이해할 수 있는 시와 함께 영혼이 춤을 추었던 것 같아요. 제 삶에 더 집중하며 오감이 살아났어요. 시, 매력적인 영역입니다. 3번의 만남으로 시집이 만들어질 수 있다는 것도 신기한 경험이었어요.

Question 04.

〈우리들의 여름〉 첫 번째 목차는 '감사'입니다. 우리 인생에 '감사'가 주는 가치는 무엇일까요?

감사의 가치는 글로 표현하기 힘들 정도로 어마어마한 힘이 있다고 생각해요. 28년간 한 업계에서 비즈니스를 하며 수많은 사람을 만났습니다. 모든 일에 감사하는 사람들의 공통점 중 하나는 행복하게 일을 할 뿐만 아니라 성과가 탁월했어요. 인생에 있어 제일 우선순위에 두어야 할 태도는 '감사'라고 믿습니다. 삶의 핵심 가치라고 해도 과언이 아니지요. 그래서 '감사'를 주제로 시를 쓸 수 있었던 시간이 귀한 추억이 되었네요.

Question 05.

〈우리들의 여름〉 두 번째 목차는 '함께'입니다. 작가님의 글쓰기 동지들에게 축복의 메시지 부탁드립니다.

글쓰기 동지들 덕분에 기적을 만들 수 있었어요. 앞으로도 함께 기적을 만들어 가리라 믿어요. 특별한 인연이 되어 준 글쓰기 동지들, 늘 감사드려요. 〈우리들의 여름〉 시집 출간, 진심으로 축하드립니다.

Question 06.

〈우리들의 여름〉 세 번째 목차는 '몰입'입니다. 어떤 일에 깊이 파고들 수 있다는 것, 행복한 일 아닐까요? 몰입의 조건이나 몰입을 잘할 수 있는 방법 등, 몰입과 관련해 작가님의 팁이 있다면요?

주식 세계의 전설이라 불리는 워렌버핏과 함께하는 점심값이 20억이라고 하더라고요. 그는 식사자리에서 상대방에게 원하는 것 10가지를 적으라고 한답니다.

그리고 그 중에서 5가지를 지우고 또 4가지를 지우고 마지막에는 1가지만 남기라고 하죠. 1가지에 집중하기. 최근 제가 적용하고 있는 몰입의 방법입니다. 생각을 단순화시키고 버릴 것은 과감히 버려 1가지에 집중하는 것, 참 좋아요. 여러분도 1가지에 몰입해 보세요. 명품 인생이 될 겁니다.

Question 07.

마지막으로 〈우리들의 여름〉 책을 읽게 될 독자 여러분에게 하고 싶은 말씀 있으면 부탁드립니다.

저희 책을 읽어주실 독자 여러분, 시간과 마음과 물질을 투자해 주셔서 감사드립니다. 나비효과, 아시죠? 여러분의 작은 응원의 메시지가 우리 작가님들의 인생에 큰 힘이 되어줄 것입니다. 그리고 독자 여러분과 작가님들을 튼튼하게 이어줄 것입니다. 글쓰기, 쉽지 않지만 불가능한 일도 아니지요. 독자 여러분도 한 편의 시를 써 보시길 추천 드려요. 글쓰기는 우리 영혼을 살찌웁니다. 글 읽고 글 쓰는 삶으로 우리 함께 해요. 〈우리들의 가을〉로 또 찾아뵙겠습니다. 평안을 담아.

이정숙 드림

Contents

두 번째 이야기. Green에게 : 숲의 또 다른 이름, 함께

세 번째 이야기. Red에게 : 태양의 또 다른 이름, 몰입

/ 내 심장은 너무 작아서 /

'내 심장은 너무 작아서
거의 보이지도 않습니다.
그런데 어떻게 당신은 그 작은 심장 안에
이토록 큰 슬픔을 넣을 수 있습니까?'

신이 대답했다.
'보라, 너의 눈은 더 작은데도
세상을 볼 수 있지 않느냐.'

- 잘랄루딘 루미 -

첫 번째 이야기.

Blue에게 :

바다의 또 다른 이름, 감사

Thank you

무지개 용서

| 김경아

하는 일마다 힘듦
시도할 때마다 두려움
실수할 때마다 부끄럼
실패할 때마다 속상함
버틸 때마다 서글픔
견딜 때마다 슬픔

"그래서 뭐 어쩌라고?"

버틴 덕에 어떤 상처도 그저
견딘 덕에 어떤 힘듦도 그저
참은 덕에 어떤 속상함도 그저

그저 되는 세상
그 수많은 용기에 감사

02.

결국은

김경아

운전대를 잡는다
라디오는 꺼버리고
말도 꺼버리고
작은 소리조차 걸린다

한 곳 눈만 고정한 채
끊임없이 뒤로 달려가는
끊어지는 노란 선을 보고 있다

도로위에 붕 뜬 채
침묵에게 물어 본다

어떻게 해결되길 바라는지
해결방법은 있는지
포기해야할 것은 무엇인지

긴 시간을 돌아온 답

억지로 감사

기어이 감사

결국은 감사

03.

진짜 좋은 느낌

| 김나림

매일 아침
살아있음을 느낄 수 있는
포옹과 뽀뽀로 인사하는
우리 집 남자 셋과 나

04.

우주의 품

| 김나림

모래알보다 작아지는 나를 발견할 때
나는 펜과 공책을 든다.

"어서 와, 나림아.
기다리고 있었어.
너의 어떤 모습이든 환영해."

모닝페이지 글쓰기는
엄마 품 속 같다.

05.

뽀얀 흰죽

| 손임선

하늘하늘 엄마가 지어 준
모시 원피스 잠옷 위에
뽀얀 흰죽이 힘없이 고개를 떨군다.

발그란 두 볼에 핏기 없는 손가락이
엄마의 걱정 한 숟갈 녹은 사랑을
자그맣게 벌린 내 입술에 가져다 댄다.

물끄러미 날 바라보는 눈빛에
그렇게 한 그릇 비워 낸 내가 대견스럽다.

06.

식은 커피

| 손임선

까만 커피가 식는다.
생각에 생각이 꼬리를 문다.

왜 그랬지?

나는 또 그렇게 화를 낸다.
식은 커피가 위로를 건넨다.

나의 한숨에
묵직한 머그잔이
들숨을 내어준다.

쉼 없이 오가는 사람들 속
혼자 즐기는 커피 한잔이 날 위로해준다.
저마다 바쁜 속내가 있다고
다들 그렇게 토닥여가며 산다고.

07.

나의 달

| 윤경희

매일매일 밝은 달밤을 벗 삼아
날을 지새우시는 나의 어머님

나 또한 그 나이가 되면 달빛 벗 삼아
뒤척이지는 않을까

가슴 한 곳이
늘 아린다

나의 첫 책을 드렸을 때
"우리 며느리 최고야." 엄지 척 보여주신
나의 어머님

어머님도 며느리 인생에서
최고입니다

08.

오늘 하루도

| 윤경희

'나는 오늘 하루도 최선을 다 했는가?'

파란 하늘 둥둥 떠 있는
솜사탕 구름들을 하염없이 바라본다.

내 삶의 태양, 내 사랑,
내 아들을 그려 본다.

"엄마 사랑해요."
늘 찰떡 같이 나를 안아 준다.

엄마라는 삶을 배움으로 채워주고
내 인생을 고마움으로 지켜주는
네가 있어 오늘 하루도 행복.

09.

땡! 괜찮아

| 정지원

얼음!
땡!

싫어!
안 해!
안 돼!

얼음!

땡!
뛰어

땡!
해봐

땡!
바보

때에엥!

너는 왜 안 가니?

네가 다 녹을 때까지 기다려 줄게
괜찮아

고마워

땡!

10.

떡볶이

정지원

네 생각이 나는 걸 보니
내 속이 온통 벌건가 보다.

지독히도 맵고 벌건 네가
내 속을 달래 줄 것 같아서
너와 마주 앉았다.

내 속을 들여다볼 자신은 없고
내 속보다 더 맵고 벌건 널
우겨 넣으며
내 속이 너에게 지길 바래야지.

11.

내가 되어간다

| 노신희

말하기 좋아하는 당신 아내
가족만 보던 당신 아내가
새로운 일상에 배움을 이야기 한다

누군가의 이야기에 귀 기울여주고
무언가를 끊임없이 배워가는
요즘의 아내 모습이 이쁘다고 한다

당신의 말 한마디로
참 괜찮은 사람이 되어간다

오십이 다 되어
한영이 수영이 엄마에서
내가 되어간다

12.

가만히

| 노신희

힘든 일은 떠나보내도
또 다시 온다

내 안의 뜨거운 불 조각들이
손끝 발끝 목덜미까지 태우기 시작한다

눈을 감는다
가만히 내 안을 본다
저 깊은 곳으로 본다

"그냥 지금 네가 할 수 있는 것들을 해."

다시금 나를 어루만진다
내가 식어간다
내가 따뜻해진다

13.

나의 바람

| 신임선

난생처음 일본에 갔다.
통화 하는 방법도 잘 몰라 야단법석.
국제 미아 될 뻔 했지.
언니와 통화.
그곳에 꼼짝 하지 말고 있거라,
둘이서 눈물로 상봉.
언니는 늘 내 마음을 토닥거려 주는 천사.
감사합니다.
사랑합니다.
오래오래 맑은 정신으로 살아갔으면.

14.

내가 최고야!

| 신임선

정리정돈 대청소 시간.
내 마음이 힘들어질 때 몸을 많이 움직이는 시간.
'그래, 임선이. 참 잘 했다. 이제는 책을 한 번 볼까?'
땀을 잔뜩 흘리고 나면 드는 생각.
책 속에서 저자 마음을 훔쳐봐야지.
역시 나는 잘 살고 있구나.
임선이가 최고야!

15.

큰 언니 카드

| 김민아

신발과 옷으로 치장을 부렸던 철부지 민아.
그래서 '깔롱쟁이'라는 별명이 있었지.

자!
옷 사 입거라!
큰 언니 카드였다!
단 한 번도 못 쓰고 마음만 받았다.

16.

엄마를 만나게 해 주는 몸의 선율

| 김민아

비바체 파동에 춤을 춘다
음악은 내 눈물이 되고
마루 바닥은 내 눈물을 먹는다
시선을 하늘에 두고
영혼 미팅을 간다

내일도 만나러 간다
내 엄마!

17.

함께 생각나는 사람

| 이선정

요양원에 계신 엄마를 떠올릴 때마다

함께 생각나는 사람.

10년 동안 엄마의 팔과 다리가 되어주신 분.

“잘 드시고 편안히 잘 계시니 너무 걱정 마세요.”

나의 모든 염려를 잠재워 주시는

이윤숙 전도사님.

18.

숲과 땅의 위로

| 이선정

"어떻게 해야 하지?"
망망대해에 나 홀로 떠 있는 느낌,
명봉산으로 향한다.
맨발의 자유로움으로
숲과 땅의 위로를 받는다.

"잘 왔어. 기다리고 있었어.
오길 잘했지? 항상 널 응원해."

언제나 나의 마음을 채워주는
산.

19.

첫눈에 반한 남자

| 박정애

첫눈에 반한 남자 그리고
그의 아이들과 소중한 하루하루를
살아간다.

남편은 말했다.
친한 친구처럼
재미나게 살자고.

살면서 늘 힘이 되어주고
나의 실수도 감싸주고
늘 마음 편하게 해주는
다정한 사람.
감사합니다.

20.

묵상

박정애

거절하는 방법을 모르는 나.

어느새 나는
바쁜 사람,
어깨의 짐이 많은 사람이 되어 있었다.

어떤 날은 몸이 아프고
어떤 날에는 마음이 아팠다.

동네 성당,
성모님을 바라보며
묵상한다.
나를 돌아본다.

후회는 하지 않는다.
거절하는 힘!
내려놓는 마음!

할 수 있는 용기!

배우면 된다.

최선을 다해

살아온 나는

멋진 사람이다.

21.

걱정하지 마요

| 김민주

온 몸으로 바람을 맞으며
미칠 듯한 두려움에
울어 버렸다.

"걱정하지 마요. 내가 같이 있어 줄게요."
첫 여행에서 따뜻함을 내어 준 그 분은
나의 수호천사였다.

22.

혼자만의 공간에서

김민주

'나 진짜 괜찮은 거 맞나?'
답답한 가슴이 어김없이 눈물을 불러올 때,
내 차 파이브는 활짝 문을 열어 주었다.

"괜찮아, 민주야. 너 하고 싶은 거 다해.
지금까지 충분히 잘 했어.
하이파이브 한 번 해 보자."

언제나 나를 품어주는 파이브야, 고마워.
혼자만의 공간에서 다시 살아갈 용기를 얻는다.

23.

이런 저축 어떤가요?

| 이정숙

초보 엄마로 힘겨워하고 있던 어느 날 밤이었다.
"여보, 사랑해. 수고했어."
시큰둥한 나의 반응에도 아랑곳없이 남편은
매일 이야기해 주었다.
"여보, 사랑해."

사랑의 언어를 저축한 덕분에
긴 세월 살아오며 힘든 고비마다 일어설 수 있었다.

24.

그녀를 만나다

| 이정숙

'왜 이리 마음이 건조하지?'
삭막해진 마음 밭에 무엇을 심을 수 있으랴?
잡초 한 포기도 심을 수 없을 때
《아티스트 웨이》 저자, 줄리아 카메론 그녀를 만났다.

"정숙님, 또 만났네요.
모닝페이지를 쓰며 어린 내면아이를 만나보세요."

그녀를 만나고 나면 금세 촉촉해지는 마음 밭,
무엇이라도 심을 수 있었다.

25.

술이 좋구나

| 이숙희

술을 거하게 마시고 저녁 늦게 들어온 남편,
잠자는 아내를 안쓰럽게 바라보는 듯했다.
손을 조물조물 만지며 하는 말이 있었다.
"어이구, 어쩌다 나한테 와서 고생이고."

술이 좋구나.
평소엔 못하는 말, 남편이 다하는 걸 보니 말이다.
그 한마디에 돌아누워 배시시 웃는 난
참 행복한 사람.

26.

옷들아, 고마워

| 이숙희

숙희야, 넌 마음이 힘들 땐 뭐하니?

음, 난 쇼핑을 해.
가게 안의 옷들이 춤을 추며
어서 와서 자기들을 입어보라고 손짓을 해.
나는 옷들을 입어보고 함께 춤을 춰.
옷들이 나의 기분을 잘 맞추어 준단다.
그래서 금방 아무 일 없는 듯 재잘거릴 수가 있어.

옷들아, 고마워.
너희들이 나의 기쁨이야.

27.

아들의 랩 소리를 들으며

| 김은정

아무것도 하고 싶지 않은
지치고 힘든 어느 저녁
불현듯 떠오른 지난 가을이
나를 더 외롭고 힘들게 할 때

유난히 눈에 들어오던
씽크대 가득 담긴 설거지 그릇들을 생각하며
한없이 공허함을 안고
나만의 우물 속으로 빠져들 때

달그락 달그락
쏴쏴
그릇들 부딪히는 소리와
요란한 물소리가 나를 깨운다

큰 키를 구부려 어색하게 설거지를 하는 큰 아들
"엄마, 오늘따라 유독 설거지가 하고 싶네."
주방가득 울려 퍼지는
아들의 랩 소리를 들으며
어느 새 나도 우물 밖
세상으로 나온다

28.

우리는 산으로 향한다

| 김은정

월, 화, 수, 목, 금
주 5일
그날이 그날 같고
나인 듯 나 아닌 듯
오늘인 듯 어제인 듯
반복되는 일상

그러나
언제나 돌아오는 단 하루
특별한 토요일
새로운 토요일
즐거운 토요일

새벽공기 가르며 룰루랄라
산으로 향한다
반짝반짝 빛나는 여인들과 함께하는 트래킹
반가워 산아

늘 나를 반겨줘서

고마워 산아

늘 그 자리에 있어줘서

사랑해 산아

어라

대답이 없는

너는

가산산성이었구나

이러나저러나 멋진

너는

가산산성이었구나

29.

가족의 향기

| 변혜영

어릴 적
은하수 물결치던 밤
돗자리 깔고
외할머니 무릎에 누워
별 세던 밤
외할머니 향기는
풋사과 향기

내 나이 64세
지금도 그 향기에 취해
내 마음 춤을 춘다.

30.

산과 돌탑

| 변혜영

마음이 힘든 날
금오산 오형탑에 간다
할아버지가 숨을 헐떡이며
먼저 간 손자를 위해
만든 돌탑

그곳에 가면
비행기 타고
하늘을 날아가는 듯하다

그리고 산은
엄마의 품속이 되어
나를 아기로 만들어 준다

31.

파도 무늬 원피스

| 이정안

열 살 무렵,
돼지 저금통을 잘랐다.
아버지랑 시장엘 가,
파도 무늬 원피스를 사 입었다.

"누나, 이뻐."
"언니, 이뻐."
하던 내 동생들.

열세 살 무렵,
동생들과 엄마에게 야단을 맞아 울었다.
그리고
킥킥,
같이 웃었다.

지금은
동생들과 함께 잘 늙어가고 있다.
동생들에게
파도 무늬 원피스랑
남방을 사 주어야겠다.

32.

나는 엄마니까

| 이정안

"엄마는 왜 그렇게 생각하고 행동해?"
무심코 던진 딸의 한 마디에
나라 잃은 사람이 된다.

안 되겠다.
유치원 시절의 딸을 떠올린다.
딸과 손잡고
서로 쳐다보면서 웃었지.
딸의 눈은
별처럼 반짝였지.

딸과 함께
다시 사랑스러운 대화를 하려 한다.

나는 엄마니까.
나는 엄마니까.
나는 엄마니까.

나를 다시 일으켜 세운다.

엄마라서 감사하다.

33.

울 엄니

| 이정금

하얀 눈이 펑펑 오던 어느 날
갓 구운 군고구마처럼 뜨겁고
사시나무처럼 떨고 있는 나를
밤새 어루만져 주던 울 엄니

울 엄니
하늘나라에서 아부지랑
행복한 날 보내소서

34.

열무김치

이정금

잘하고 있는 걸까
욕심일까
지칠 때마다 열무김치를 먹는다
그리고
어릴 적 고향으로 돌아간다
열무가 파릇파릇한 목소리로 얘기한다

괜찮아
너는 존재 자체만으로도 충분히 멋져

고마워 열무야

35.

이곳이야

| 최경순

내 마음 힘들 때 서점에 가면
눈이 반짝거린다.

책들이 나를 반기며
말을 걸어오는 것 같다.
여기서도 저기서도
나를 부른다.

어서 와
경순아!

응.
반갑다 얘들아!

한 권의 책과 악수했다.
'나는 죽을 때까지 재밌게 살 것이다.'

그래, 맞아.

나의 즐거움은

이곳이야.

36.

이게 뭐꼬

| 최경순

"내가 자네한테 많이 미안타."
남편이 내 손을 잡고 한참을 보더니 하는 말이다.

"이게 뭐꼬, 이 사람아."
남편이 내 손등을 쓰다듬으며 하는 말이다.

무뚝뚝한 사람의 말에,
세상 무엇과도 바꿀 수 없는 사랑에 빠진
어쩔 줄 모르는 새색시가 되었다.

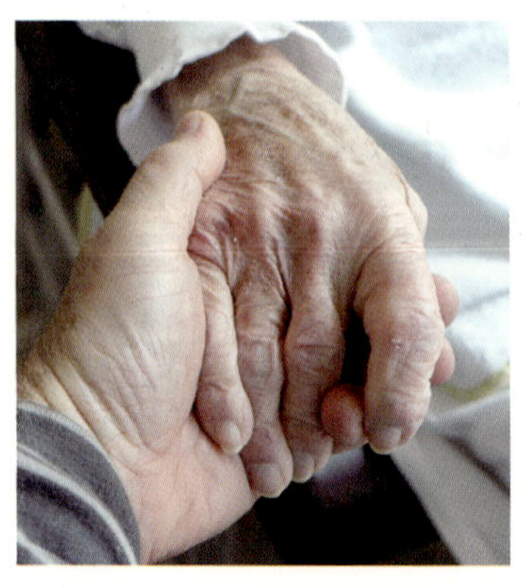

37.

드디어 사랑을 받다

| 조경미

좋다.

하루를 끝내고 돌아 올 보금자리가 있어서 좋다.

나를 반겨 주고 나의 모습 그대로를 받아 주는 가족의 든든함이

온갖 감정의 회로들을 정리시켜 준다.

나의 마음치료제,

가족의 힘!

"엄마, 오늘 몇 시에 들어와?"

딸아이의 말이 사랑의 세레나데로 다가온다.

딸아이에게 사랑을 주다, 이제 나도 사랑을 받는다.

울컥함이 몰려온다.

무슨 감정이지?

나도 사랑받고 싶은 욕구가 있었음을 알게 되었다.

감동과 감사가 몰려온다.

78년생 조경미,

사랑의 감사를 느껴라.

38.

글쓰기

조경미

모닝페이지,
글을 쓴다!
나를 힘들게 하는 생각이 뭘까?
좀 잘 챙길 걸.
또 자책이 찾아온다.

힘든 일은 불쑥불쑥 오기 마련.
늘 익숙한데 오늘도 나는 내 머리채를 뜯는다.
그리고는 볼펜을 들고 쓰기 시작한다.

감정의 쓰레기들을 종이에 써 내려 간다.

나오는 대로 쓴다.

어느 순간 속도가 붙은 글이 저속으로 바뀌는 순간,

동굴 속으로 들어 간 내가

따뜻한 햇살을 받으며 나오고 있음을 느낀다.

어느새 새가 되어 훨훨 날아간다.

해독 글쓰기는 목마른 갈증을 채워 주는

시원하고 탄산 가득한 사이다이다.

39.

삶

| 이영신

뛰어갈 수밖에 없었던 나의 삶

뛰어가는 나에게 묻는다
"왜 이렇게 사니?"

어느 날
귓가에 잔잔한 음악 소리가 들려왔다
손님처럼 다가온 음악

긴 터널을 빠져 나오는가 싶더니
뜨거운 빛과 온기를 느꼈다
소리를 들을 수 있었다

수고 많았다
힘들었지?
외로웠지?
무서웠지?

이제 내가 너와 함께하리라

너 때문에

아렸고

너 때문에

아팠고

너 때문에

힘들었지만

너 덕분에

살아갈 수 있었고

너 덕분에

전진할 수 있었고

너 덕분에

나를 찾을 수 있었다

고맙습니다

감사합니다

40.

이제부터

| 이영신

집에 가만히 있는 나에게
딸이 묻는다

엄마,
요즈음 왜 일하러 안 가세요?

응,
이제부터라도 너희와 같이 있으면서
지금까지 못 해 준 것 다 해주려고

이미 늦었죠!

쿵,
마음이 내려앉았다

엄마,
이제부터 엄마 인생 사세요

나와 성언이는 이제 다 컸어요

쿵,

마음이 놀랬다

41.

멋진 손

| 이려금

초등학교 때부터
우리 집 쓰레기 분리배출을 전담하고 있는 너는
오늘도 한 손에는 비닐봉지류
또 다른 손에는 종이류를 들고 집을 나서지
어린 네가 쓰레기 처리하는 걸 보고
아파트 경비 아저씨가 물었댔지
"너희 집에는 엄마가 안 계시니?"
어느새 우리 집 쓰레기 처리 맨이 되었구나
문 열고 네가 들어오면
너의 멋진 손을 따스하게 잡아줄 거야

42.

내 방에서 듣는 노래

이려금

힘이 들 때면
내 방으로 들어온다.
사방 벽, 방탄소년단의 사진들이 반겨주는 방
살면서 유일하게 가수의 팬이 된 나는 아미

BTS 노래를 틀고 침대에 누워 노래에 몸을 맡기지
가사를 음미하고 리듬을 타면서
일곱 천사의 아름다운 화음을 들으면
답답한 가슴도, 뒤엉킨 생각도
어느새 사르륵 녹아내리지

"어서 오세요. 여기는 BTS 음악 방입니다.
편안하게 감싸줄게요.
먼저 자신을 사랑하세요."

내 방은
힘들 때 나를 다시 일으켜 세워주는
긍정에너지가 가득한 힐링 공간!

43.

바다야 고마워

| 송태순

어제가 오늘 같고,
오늘이 내일 같은,
삶이 목마른 날이 있다.
코끝 찡한 바다 내음으로 새 옷을 입고 싶어
무작정 도착한 낯선 장소,
여름 바다.
싱그러움과 설레는 가슴 안고
바다를 사랑하는 여인이 되었다.

나만큼이나
아니,
나보다 더한 목마름으로
고달픈 삶을 살아내는 여름 바다.
푸른 스카프를 두르고
하얀 속살이 드러나는 원피스를 입고
어느새 나는
다시 오지 않을 오늘에 감사하며

바다를 닮아가는 여인이 되었다.

나는 오늘 새롭게 태어난다.

자신을 이겨내고, 세찬 파도를 다스리는 바다야!

지금 너의 기분은 어떠니?

44.

맨발 동행자

| 송태순

초록색도 아니고 검정색도 아닌 너는
마녀의 마술에 걸려 괴물의 모습을 한 두꺼비.
비가 와서 온 세상이 촉촉한 여름 숲길에서
떡, 하니 만났지.

나도 맨발,
너도 맨발,
우리는 맨발로 함께 걸었지.
누구나가 처음은 발가벗고 맨발이었을 텐데.
곧 마법에 풀릴 왕자님과 맨발로 걸으니
우리는 삶의 동행자가 되었지.

숲속 친구들

| 이성숙

딸아이가 던진 섭섭한 말 한 마디에
내 몸은 물먹은 솜이불이 된다.
배낭에 물 한병 담아 산을 오른다.

뻐꾹아, 좋은 아침이야.
길냥아, 안녕?
뻐꾹뻐꾹, 냐옹냐옹
나를 반겨주는 친구들.

산길을 걸으며 생각한다.
산길도 인생도 오르막과 내리막이 있다는 걸.
걷고 또 걷는다.
들꽃이 활짝 웃으며 나에게 인사한다.
안녕? 너를 기다렸어.
너의 웃음에 나도 웃는다.
발걸음이 가벼워져 다시 산을 오른다.
산속에는 나를 기다리는 친구들이 있다.

나는 행복하다.

46.

언니야 소풍 가자

| 이성숙

입원과 수술을 반복할 때마다
항상 내 곁에 있는
엄마 같은 존재이자
아낌없이 주는 나무,
나의 작은 언니
이지원.
오십이 넘은 나이인 나를 지금도
아이처럼 바라보는 나의 작은 언니
내가 유방암 판정받던 날,
언니는 나보다 더 펑펑 울며 말했다.
"이 참에 쉬어 가렴."
착하고 착한 나의 언니.

그리고 언니의 유방암 3기 선고.
하늘이 무너지고 가슴이 찢겼다.
언니의 인생은
부모 남매 자식을 향한 걱정과 사랑이 전부였다.

만신창이가 된 언니에게 나도 말했다.
"언니도 이 참에 쉬어가요."

"김밥."
목에 넘어가는 게 이것밖에 없다는 언니의 말 한마디에
울면서 수없이 김밥을 쌌다.
내가 가장 좋아하는 음식이
가장 슬픈 음식이 되었다.
그래도 언니를 위해 해줄 수 있는 것이 있어 행복하다.

언니,
열 번이고 백 번이고 만들어 줄게.
우리 둘 암 완치 받고 나면 김밥 싸서 소풍가요.
언니가 좋아하는
숲이 이쁜 산으로.

47.

흐르는 물을 닦으며

| 박보배

몸살감기 때문에 열이 심하게 났던 적이 있다.
기운 없이 누워있는 나를 본, 세 살이었던 둘째 규원이가
수건을 물에 풍덩 담가 다시 빼 내어
물을 줄줄 흘리며 끌고 와서는
내 머리에 척! 걸쳐놓았다.
이거 어디서 배운 거니?
나는 얼굴에 흐르는 물을 닦으면서
세상 제일 행복한 엄마가 되었다.

48.

나를 아낀다

| 박보배

빈 노트를 좋아한다.
빈 노트를 보면 내 마음이 춤을 춘다.
힘들 때 노트를 펼친다.
말도 안 되는 몇 마디를 적어본다.
내가 나를 부르는 의식이다.
노트를 덮고는 다시금 히히 웃는다.
나는 노트로 내 마음을 챙긴다.
나를 아낀다.

49.

팔 빼도 될까?

| 문상희

제일 친한 친구에게 상처받았던 날
숨 쉬는 것조차 힘들었다
내 등을 토닥토닥 두들겨주며
팔베개를 해주며 안아주던
내 남편

감동이다

여보,
손에 피가 안 통해
팔 빼도 될까?

50.

지금, 그 사람

| 김명희

둘리가 마흔이네요
글을 읽다 '지금'이라는 의미가 깊어
이리 또 안부 여쭙습니다

제가 뵈러 가는 것은 안될지요?

걷는 게 너무 힘들고 말하는 게 불편해서요
죄송합니다

죄송하긴요
어찌 그런 말씀을 하십니까

부디 오랫동안 안부를 여쭙고
뵐 수 있길 소망하는 사람이 있다는 것이
감사로 물드는 순간

51.

엄마의 몸을 적셔드린다

| 김순자

따뜻한 물 한 바가지
엄마의 몸을 적셔드린다

등을 밀어 드릴 때마다
시원하다 하신다

쳐진 가슴은
우리 7남매의 밥통이었다

타월로 몸을 닦아드릴 때마다
눈물이 난다

언제 이렇게 연세가 드셨을까

52.

내일은 맑음

| 최영혜

왜 나에게 이런 일이 일어날까

사방이 꽉 막힌 것 같이 답답한 느낌

홀로 차에 앉아 하늘을 바라본다

하늘아
어제는 회색이더니 오늘은 하늘색이네
어떻게 견뎠니

나의 내일은
하늘처럼 푸르게 맑은 날이다

53.

쓸어내린 가슴에 고마움과 사랑을 담다

| 최영혜

분만 대기실에서 1박 2일을 보내고
드디어 분만실이다

난산

위에서 누르고 밑에서 당기고
한참 시간이 흘렀나보다

응애 응애!

아기가 목에 탯줄을 세 바퀴나 감고 있네요
놀란 의사 선생님

승윤아
잘 견디고 엄마 품에 와줘서 고마워

임신 6개월째

기형아일 가능성이 높습니다

눈앞이 캄캄했던 날

정밀 검사 후 8개월째 되던 날

정상입니다

소식에 얼마나 가슴을 쓸어내렸던지

잘 자라준

승윤아

소영아

엄마 아들이라서

엄마 딸이라서

고맙고

사랑해

54.

우리 사장님

| 이진결

알람을 맞추어 놨는데도 일어나지 못할 때
시간 맞춰 나를 깨워 주시는 분
학창시절 엄마처럼 나를 깨워 주시는 분
엄마처럼, 언니처럼, 선생님처럼
내 몸과 마음을 깨워 주시는 분
따뜻하고 감사하신 분
우리 보배 사장님.

건강하셔서
항상 함께해 주세요!

55.

내 마음을 알아주는 목소리

| 이진결

가슴이 미어지는 날.

내가 뭘 잘못한 걸까?
머리가 하얗게 되고
얼굴에 열꽃이 피는 듯했다.

시동을 켠다.
잔잔한 음악을 듣는다.
드라이브를 한다.
진결아,
어디로 가면 네 맘이 편해지겠니?

넌 잘 하고 있어.
지금 이대로 충분해.
내 마음을 알아주는 영혼의 목소리에
소리 없이 눈물만 흐른다.
고마워 내 영혼아!

56.

공기를 닮은 사람

장윤진

매일 매순간
없어서는 안 될
소중한 공기를 닮은 사람
미안해요
있을 땐 몰라주고
미안해요
없을 땐 알게 돼요
소중한 공기를 닮은 사람
소중한 남편이라는 걸

57.

남의 편 아닌 내 편

윤향옥

무뚝뚝한 남편.
"그래서? 결론은?"
내가 무슨 말만 하면 이런다.

"해봐. 뒷일은 신경 쓰지 말고. 내가 있잖아!"
내가 고민이 있을 때 툭 내던지는 남편의 말.
힘이 난다.
남의 편인 줄 알았는데 내 편이었다.
고맙다.
사랑한다.

내 편,
우리 백년해로 하자!

58.

벤

| 윤향옥

처음 만났을 땐 니가 부담스러웠어.
크고, 높고, 앞도 잘 안보이고 말이야.
이런 불편함도 잠시,
넌 나에게 다 맞춰줬어.
아무도 함부로 내 옆에 가까이 오지를 못해.
우울할 때, 꿀꿀할 때, 기분 좋을 때,
너를 데리고 나가면 내가 원하는 곳 어디든 같이 가줬어.
신나는 음악을 틀고 너랑 같이 달리면 고민도 사라지지.
넌 나에게 참 소중한 존재야.
내가 널 더 아낄게.
고마워, 나의 벤.

/ 행복 /
저녁 때
돌아갈 집이 있다는 것
힘들 때
마음속으로 생각할 사람 있다는 것
외로울 때
혼자서 부를 노래 있다는 것.
- 나태주 -

두 번째 이야기.

Green에게 : 숲의 또 다른 이름, 함께

Together

01.

행복 마법

| 이숙희

친구들과 함께하는 하굣길,
버스비와 새우깡을 바꿔
십리 길을 걸어서 집으로 오곤 했다.
오는 내내 뭐가 그리도 좋은지
까르르 웃던 시절.

딸이 가기 싫어하는 간호과에 억지로 다니게 했다.
"간호과가 그렇게 좋으면 엄마가 다녀."
딸아이의 말에 가슴 시리게 미안했다.
밥벌이라도 하라고 한 것이 딸에게는 상처가 되었다.
잘 버텨 준 딸,
고맙고 사랑해.

다 큰 딸이 "엄마, 사랑해."라며 뽀뽀해 줄 때
아들, 딸이 결혼 30주년 파티해 주었을 때
내 생일 날, 식구들이 내가 좋아하는 회 케이크 만들어
축하해 줄 때

"고기 먹으러 가자." 남편이 뜬금 외식 시켜줄 때
세 살짜리 애들이 "선생님. 왜 이렇게 이뻐?"라고 해줄 때
나는 매일매일이 행복해.
행복하다 생각하면 행복이 생기는 마법.

아침 새들의 모닝콜을 받으며 눈을 뜨고
맨발 걷기를 하며 나무들과 함께 춤을 추고
바람이 나무들과 속삭이는 소리를 들으며
나무 사이로 드러난 하늘을 보며
푸르름에 가슴이 뻥 뚫리는 느낌을 받으며
감사함을 느낀다.

나는 앞으로도 시를 쓰겠다.
내 인생과 함께
행복한 순간들과 함께
시를 쓰겠다.

02.

있는 그대로 바라봐 주는 마음으로

박정애

나의 중학교 시절,
친구들과 매일 일찍 만나
하하호호
아무도 없는 교정에서
뛰고 웃고
고무줄놀이 오재미놀이
매일이 즐거웠다.

우리 학교에서
제일 인기가 많으셨던
국어선생님.
유독 나를 많이 예뻐해 주셨지.
다른 친구들의 시샘을 받았지만
나의 옆에 항상
베스트 프렌드들이 있었다.

바쁘다는 이유로
딸의 말을 끝까지 여유롭게
들어주지 못했던 나.
딸이 스스로 할 수 있는 기회를
기다려주지 못했던 나.
사춘기 딸의 마음을 보기보다는
삐뚤어진 행동을 혼냈던 나.
폭풍 같은 시간이 지나고
지금은 더없이 좋은 사이가 되었지만
그때를 생각하며
서로 사과하고
꼬옥
안아주었다.
가슴이 뜨거워진다.

사랑스러운 두 아이와
행복했던 그때.
어느 날 찾아온 폭풍 같은
첫째 아이의 사춘기.
엄마로서 좋은 길을 찾아보지만

길을 잃고 힘이 들 때
눈에 고인 눈물이 흘렀다.
둘째 아이는 그 작은 손으로
내 눈물을 닦아주며
"엄마, 울지 마세요." 말해주었다.
그러고는 나의 어깨를 안아주면서
함께 걸어갔다.
나를 성장시킨 큰 아이의 사춘기.
나를 행복하게 감싸주던
둘째 아이.
행복했던 날.

아이들이 유치원 야외 수업할 때
원장 수녀님께서
"나무들아, 잘 지냈니?"
"하늘아, 오늘 좋은 날씨 고마워!"
자연스럽게 인사하셨다.
나는 어색했지만,
작은 소리로 따라 해 보았다.

모든 것이

다르게 보이기 시작했다.

산책할 때

산에서 만나는 겨울 눈, 새싹, 푸르름, 날씨,

변화되는 모든 것이 날마다 새롭게 느껴진다.

살면서 잊힐 때쯤

해독 트레킹을 하면서 또 알게 되었다.

자연과 사람에 대한 고마움, 변화, 감사를 말이다.

자연!

있는 그대로 바라봐 주는 마음으로

나를 정리하고 성장시킨다.

03.

가슴 벅찬

| 노신희

담다디 담다디 담다디담
이상은을 좋아한 나와 친구
친구 덕에 처음 가본 콘서트
친구 덕에 사진도 찍고
시내 돈가스집도 가고
새로운 것을 참 많이도 해 봤네
어른이 되고 알았어
이제껏 네가 한 말들 행동들의 수많은 거짓
그후론 널 만나지 않았지
지금이라면 어땠을까
그냥 꼬옥 안아줬을까
보고싶다 친구야

책을 좋아하던 너
책만 볼 거야?
숙제도 해야지 가만히 있어야지
나의 작은 틀에 가둬 놓은 너

많이 힘들었지?

미안해 미안해 미안해

그 시절이 사라지지 않겠지

그래서 미안해

큰딸이 물었다

엄마는 다시 태어나도 아빠랑 결혼할거야?

응, 다시 해도 돼

그런데 엄마는 아빠랑 다른 결혼생활을 할거야.

엄마가 더 많이 사랑하고 아껴 줄거야

결혼 1주년

경주 보문호 옆 '로미오와 줄리엣'

미리 주문한 스테이크와

직원분의 두 손에 불 켜진 케이크와 꽃바구니

그 설렘, 행복

당연한 줄 알았지

자기야

이제부터 제가 더 많이 사랑할게요

시간이 멈추는 그곳, 증도
호텔 창 너머로 보이는 해변가
그 모래밭에 사랑스런 나의 두 딸
그 순간
가슴 벅찬 행복은 그 속에 멈추어 있다

나는 시를 쓴다
잊혀지지 않는 나의 추억과 함께
소중한 내 마음을
시 속에 담아둔다

04.

내가 나에게 반하는 삶

| 김나림

깁스한 내 다리
뛰어다니는 친구들이 한없이 부러웠던 날
친구들끼리 독서모임 만들어서
덜덜 떨며 발표하면서 용기 있는 나를 발견한 날

조그마한 아이들마저 감당이 안 되어
악마처럼 이성을 잃은 날
아프다고 하면
더 힘들어 할까 봐 말을 잘 안했던 나
속앓이 했을 엄마가 문득 생각나는 날

돌아올 집이 있다는 것
그저 내편이 필요할 때 찾아가고
전화할 엄마가 존재한다는 것
다 함께 집밥을 차려 먹던 날
글쓰기가 책으로 나오던 날
우리 팀 협업하여 뉴스킨 금메달 받은 날

나는 시를 쓰겠다
내가 나에게 반하는 삶과 함께
시를 쓰겠다

그 자체로

| 박보배

중학교 1학년 때였다.
엄마가 시장가서
어묵을 사오라고 하셨다.
시장 갔다 돌아오는 길,
중학교 담 모퉁이 돌며
어묵이 먹고 싶어 한입 베어 물었다.
그 순간,
내가 짝사랑하던 그 아이가 담을 넘어 내 앞에 떡하니 섰다.
아이구! 니가 왜 거기서 나오냐.
아무 말도 못했다.
내 얼굴은 보나마나 벌겋게 달아 올랐겠지.
이쁘게 하고 얌전한 척하고 있으면
어느 날 동화같은 결정적인 순간이 오리라 생각했건만,
그날 이후 썸이고 뭐고 없었다.

책꽂이에서 책 한 권을 꺼냈다.
편지가 들어 있었다.

지금 서른이 넘은 아들이
중학생 때 엄마게게 쓴 편지.
엄마, 이제 제 옷 사지 마세요. 돈으로 주세요.
엄마가 사주신 옷은 제 스타일이 아니에요.
웃음이 난다.
그랬구나!
중학생 아들이
아이가 아님을 나만 몰랐다.

남자랑 데이트하던 어느 날,
밥을 먹는데 내 숟가락에 멸치반찬을 올려놓는다.
얼마 후 그는 나의 남편이 되었다.
나는 다정함을 구하고 있었다.
어디서 파는 물건일까?
다정함을 구하려면 어디로 가야하나?
이제는 안다.
다정함은 여기 나와 함께 있다고.

빗방울.
빨간 단풍잎 하나.

곧 필 듯한 꽃봉오리.

아이의 까르르 웃음소리.

난초에 새잎이 나와 있는 걸 본 순간.

문득 눈 마주친 이와 미소로 인사하는 순간.

파란하늘 흰 구름이 동물농장을 만들 때,

동심의 세계로 날아가 토끼와 강아지를 데리고 온다.

아침 산책길에 이슬 안은 거미줄

해가 뜨면 사라지겠지만

지금 잠시, 이 순간, 영원처럼 대롱대롱 매달려 있다.

다이아몬드 보석이 주렁주렁 달린 면사포다.

자연은 그 자체로 시가 된다.

추억은 그 자체로 시가 된다.

06.

그 날의 기억이 나를 살게 한다 | 김민주

"엄마. 내가 잘못했어. 다시는 아빠한테 가라고 하지 마."

바들바들 떠는 아들을 안고 목 놓아 울던 때,

깊이 박힌 내 상처를 아들에게 던져 버린 못난 엄마.

"엄마가 살려고 선택한 상처의 아픔을 약한 너에게 주어서 미안해.

부족한 엄마라서 미안해.

그래도 세상에서 널 제일 사랑해.

목숨보다 소중한 아들, 똑같은 일 반복하는 엄마는 안 될게.

평생 너를 지켜 줄게."

잠든 아들을 바라보면서 다짐해 본다.

"난 괜찮아. 엄마만 있으면 돼. 우리 엄마 최고!"
언제나 나를 믿고 응원해 주는
아들의 사랑을 온 몸으로 느끼던 날,
처음으로 둘이 떠난 여행에서
"엄마, 내가 지켜줄게. 먼저 자."
문단속하는 아들의 뒷모습을
바라보며 뿌듯함이 느껴지던 날,
세상을 향해 큰 소리 쳐 본다.
"이런 아들 있으면 나와 봐.
나는 세상에서 가장 행복한 엄마야!"

비 오는 제주도 바다를 아들과 손잡고 걸으면서,
같은 곳을 바라보고,
지금처럼만 행복하자고,

평생 너를 지켜주는 엄마 나무가 되겠다고 손가락 걸던

그 날의 기억이 나를 살게 한다.

나는 시를 쓰겠다.

환하게 비춰질 나와 아들의 인생과 함께

시를 쓰겠다.

07.

정말로 잘 살아 왔구나

| 신임선

"내가 만나자고 하면 혼자 나와."
나를 따라 다녔던 남학생.
어느 날 여름, 맘모스 빵집에서 우연히 만났다.
나와 동행한 친구는
맛난 빵도 사주고 재밌게 이야기도 해준 오빠가 좋다 했다.
그때 추억이 가끔 생각나는,
나는 열아홉 살 할머니.

시집와서 아들 둘 낳고 기르면서 벅찬 나날들.
엄마가 우리 집에 오신 날이면
엄마는 외손자 둘 데리고 하루 종일 씨름하고
나는 자유롭게 외출했다.
지금 생각하니 후회가 많다.
엄마와 함께 이 좋은 세상 여행도 가고 카페도 가고
맛있는 음식도 대접해 드릴 걸.
하늘에 계신 엄마께 미안합니다.

아들이 입사하기 위해 준비한 자기 소개서에는
내 이야기로 가득 찼다.
면접시험 치른 후 심사하신 분께서
"엄마가 훌륭하시구나." 했단다.
아들 말을 듣고 보니
'정말로 잘 살아 왔구나.' 싶었다.
늘 최선을 다해 살아가고 있는 나,
사랑합니다.
감사합니다.
고맙습니다.

손자가 어린이집에서 가져온
앞 베란다 토마토 한 그루.
귀하게 여기며 손자와 함께
물 주며 대화한다.
"물 많이 먹고 빨리 자라라. 빨갛게 익으면 우재 먹게."
신기하게도 두 개의 알이 빨갛게 익었다.
따서 손자에게 주니 너무나 맛있다고 종알종알.
햇빛, 바람, 토마토 익어 가는 기다림의 즐거움,
자연이 주는 대단한 선물이다.

나는 시를 쓰겠다.

끊임없는 생각의 끈을 튼튼히 해서

멋진 내 인생과 함께

시를 쓰겠다.

08.

내 마음에 들어온 순간들

| 윤경희

갓 대학을 입학해 기차역 근처에서
친구들과 뜨끈한 어묵을 먹으며 수다를 떨었을 때
머나먼 타국생활에 지쳐갈 때쯤
하얀 페르시안 고양이를 벗 삼아
수년을 의지하고 버텨내었을 때

자세한 상황을 물어보지도 않고 남의 말에 의존해
아들 마음에 상처를 주어 깊이 사과했을 때
늘 즐겨 타던 킥보드를 안전모 없이 타던 날
크게 넘어져 얼굴에 상처가 생겼을 때

소중한 사람들의 축복 속에 금빛 드레스 하늘거리며
내 인생 소울 메이트 손을 잡고 걸어가던 그날
"자장자장 우리 아가."
심장이 맞닿은 채로
이내 새근새근 잠이 들었던 내 아들이 생각나던 날
어느덧 훌쩍 자라 인형 뽑기로 "엄마, 나 잘했지?" 자랑하며

행복 가득 달려오던 날

푸르른 바닷가 잔잔한 파도소리에 두 눈 감고 귀 기울일 때
화려한 꽃들이 활짝 웃으며 내 마음에 들어올 때
소중한 사람들이 내 곁에 있음을 늘 감사할 때

나는 시를 쓰겠다
내 인생과 함께
시를 쓰겠다

09.

나에게 와 줘서 고마워

| 조경미

경실아 경숙아 원희야

기억나?

하교 후 학교 앞 꼬치 집에서 떡꼬치 먹고

길 건너 여상 앞 떡볶이를 먹고 나와서

붕어빵을 먹고

부른 배를 달래느라 소화제 먹고

시내로 가서 햄버거를 먹던

대식가 고딩들

그때가 너무 그립다

경숙이 반주에 경실이랑 노래하던 날

원희 콩쿨에 입상해서 축하해 주던 날

수업의 연장으로 함께 음악회를 다니던 고상했던

우리의 고딩 시절이 그립다

세월이 흐르고 중년이 되어 우리들의 추억을 회상하니

그 순간들이 더 소중하고 아름답게 느껴진다

이 아름다운 시절을 고이고이 접어 마음에 간직하련다

어린이집을 다녀오면 이유 없이 울던 둘째 딸
아침마다 어린이집 가기 싫다고 온갖 고집을 부리던 막내
너희들의 마음과 말에 왜 귀 기울이지 못했을까?
억장이 무너진다
내 젊은 날로 돌아가고 싶지 않지만
사랑하는 딸들을 위해서라면
다시 살아 보고 싶다
사랑하는 나의 딸들아 예쁜 나의 딸들아
이제는 조금씩 그 상처에서
회복되기를 간절히 기도해

예쁜 미소와 함께 엄마라고 부르며 안길 때
초롱초롱한 두 눈동자로 무한 신뢰의 눈빛을 보낼 때
뭉클 행복이 가슴으로 쑥 들어온다
지친 몸을 끌고 집으로 들어오는 나를,
고사리 같은 손으로 이끌고 진심으로 안아 주는 예쁜 공주들
두 동생과 놀아주며 엄마의 노고를 덜어 주는 든든한 아들
내 생명줄을 받아 나온 아이들의 모습을 보며
가늠할 수 없는 행복을 느낀다
삶의 고비가 올 때마다 나를 굳건히 일으켜 세워준

나의 값진 선물들

멋진 아들 요한아

선물 같은 딸 고운아

보물 같은 막내딸 온유야

나에게 와 줘서 고마워

이른 새벽 차귀도 앞 바다의 잔잔함

오름 정상에서 해돋이 장관을 볼 때 느꼈던 강열한 태양의 에너지

감탄과 감동

그 어떤 말로 표현해도 다 담지 못할 만큼의 장관

제주의 오름은 자신만의 모양으로 손님들을 맞이한다

완만한 능선을 자랑하는 용눈이 오름

한라산을 받드는 노꼬메 오름

말들이 한가롭게 방문객을 맞이하는 문도지 오름
성이시돌을 지키는 정물 오름
제주 오름의 자연풍경은
우리에게 평안과 건강을 선사하는 보물이다

나는 시를 쓰겠다
잊혀져 가는 나의 삶 나의 행복이
조금이라도 선명하게 기억될 수 있도록
시를 쓰겠다

10.

또 행복하다 또 감사하다

| 이정안

맨발로 흙길을 걷는다
자연이 내 온몸에
온기를 불어 넣어 주네
흙길과 친해질수록
내 마음의 밭도
넓어져 가네
따스한 엄마 품이 되어
나무와 풀꽃들을
친구 삼는다
외로운 사람 아픈 사람
흙길을 걸었으면
충만한 행복을
모두 모두 느껴보았으면!

중학시절
쉬는 시간만 되면
친구들과 깔깔거리며

즐거워했다

행복한 웃음

수업 시간

과목 선생님들의 별명을 만들었다

꽁치 선생님

꼰디기 선생님

지금도 동창회에서 친구들을 만나면

수학, 국어, 가정 선생님 흉내를 내며

배꼽잡고 웃곤 한다

연희가 제일 흉내를 잘 낸다

“바로 안 앉은 학생,

너희 아버지 이름이 뭐냐?”

우린 또 배꼽을 잡는다

고마우신 선생님들

내가 아이의 엄마라는 사실에

나는 지금까지 감동한다

그리고

감사한다

두 살 터울, 눈이 예쁜 딸을

낳았을 때도 그러했다

지금까지 감동이다

또

감사하다

11.

안녕? 내 인생아

| 이진결

초등 6학년

수업 마치고 친구들과 집으로 가는 길

수박 밭 탐스런 수박이 주렁주렁

달콤한 수박 한 덩이씩 깨어 먹고

우리는 배가 볼록

세상 신이 났구나

다음 날

학교로 찾아오신 수박 밭 아저씨!

아이쿠야!

인자한 미소로

아무 말씀 없으셨다

고맙고 미안한 수박 밭 아저씨

건강히 잘 계신지요?

뵙게 되면 소고기 사 드릴게요

오랫동안 기다렸던 튼튼이

처음 겪는 입덧

너를 만날 설렘으로 힘든 줄 몰랐다
쥐어짜듯 아픈 배를 움켜잡고
병원을 찾았다
이미 너는 하늘나라 가 버렸네
소중한 널
안아보지 못했는데
만져보지 못했는데
이 슬픔을 어쩌나
훗날 널 만나면
꼬옥 안아줄게
엄마를 알아보겠니
사랑한다 내 아가

식장에서 싱글벙글 신이 난 신랑 각시
폐백을 드리면서
홀로 앉아계신 울 엄마
오남매 혼자 키우느라 평생 고생만 하신 엄마
눈이 발갛게 달아 오르셨네
그 순간
눈물이 펑펑
콧물이 주르륵

잘 살게요 엄마

건강하게 오래만 살아

효도할게

산들산들

푸릇푸릇

울긋불긋

알록달록

나를 반겨주네

나를 응원해주네

집 앞 공원 산책로

푸르른 나무와 어여쁜 꽃길

나뭇잎 사이로 부서지는 햇살들

고맙고 정겨운 나의 친구들

안녕?

오늘도 어김없이 반겨주는

고마운 친구들

내 추억, 내 눈물, 내 가족, 내 자연과 함께

한 자 한 자 써 내려가니

행복이 따로 없구나

12.

나의 바람

| 이영신

엄마
나한테 사 주는 것이 아까워요?
자신과 동생을 달리 대한다는 생각에
서운해서 건네는 말
엄마
지금 병원에 같이 가면 안 될까요?
많이 아파도 바쁜 엄마에게 미안해하며
조심스럽게 건네는 말
엄마
동생에게 엄마만큼은 못 할 것 같아요
엄마 없는 세상에 동생을 생각하며
걱정되어 건네는 말
딸아, 사랑한다
어린 딸이 어느 순간 숙녀가 되어 옆에 앉아 있다
다음 세상에도
엄마가 너에게 원 없이 베풀 수 있도록
엄마의 딸로 태어나 주렴
긴 시간 힘들었을 내 딸에게
엄마의 바람을 전해본다

철썩

부서지는 파도소리

저렇게 부딪히면

아플 텐데

흰 거품만 일으키고는

아무 일 없었다는 듯 제자리로 돌아간다

밀려오는 아픔

밀려가는 분노

밀려오는 화남

밀려가는 슬픔

밀려왔다 밀려가는 파도처럼

내 인생도 어지럽다

한껏 멋을 부린 남편
곱게 드라이를 한 나
옷을 한 번 더 매만지며
약속 장소로 향한다
반기는 나의 딸과 나의 사위
그리고 시댁 어른들
'채원아, 우리 가족이 되어주어서 고맙다.'
꽃바구니
아리도록 사랑스러운 내 딸을
아들 같은 사위에게 전하는 첫 문턱
내 딸의 미소가 사랑스럽다

희로애락 삶과 함께
내 마음을 기록으로 남겨 두련다
소중한 사람들에게
소중한 시간들에
내 마음을 전하련다

13.

내 마음의 추억 노트

| 이선정

예쁜 합창 단복을 입고 무대에서 노래하던
어린 시절이 떠오른 날,
등교하던 버스에서
자주 마주치던 남학생을 생각하며 설렜던 날,

거짓말을 들킬까 봐
흔들리는 눈빛으로 엄마를 바라보는 아이를 다그쳤을 때,
나보다 더 힘들었을 엄마에게
화를 내며 소리 질렀을 때,
남들의 시선을 의식하며 완벽을 추구했던
젊은 시절의 나를 바라볼 때,

"여보, 고마워."
퇴직한 남편에게 연구실을 마련해 주고 고맙다는 말을 들었을 때,
공저 책 출간 파티에서 엄마의 글을 읽고
함께 공감했던 아들의 이야기를 듣던 날,
결혼식장을 예약했다는 딸의 전화를 받았을 때,

고요한 숲속에서 뿜어내는 소나무 향을 온몸으로 느끼던 날,
예쁜 구름으로 수놓은 푸르른 하늘이 나를 품어주었던 때,
길가에 핀 가녀린 꽃들이 내게 말을 걸어주던 날,

나는 시를 쓰겠다.
내 마음의 추억 노트와 함께
시를 쓰겠다.

14.

자연과 함께 시를 쓰면서

| 이정금

공중전화기 앞에 줄 서서
보고 싶은 친구에게 전화 걸려고 망설일 때의 설렘
여고시절
친구 자취방에서 전기쿠커에 라면 끓여 먹던 기억
지금도 그 맛을 잊을 수 없다

20년 전
내 상처 때문에 어린 큰 딸에게 뺨을 때렸던 기억 때문에
미안함을 가슴에 안고 산다
우리 오남매 부부 앞에서 엄마가 남동생만 좋아하는 티를 낼 때
엄마는 누구 때문에 먹고 사는지 몰라?
모진 말을 했다
지금은 하늘나라에 계신 엄마께 사과드립니다

아이들을 팔베개 한 채로 늦잠을 자던 날
햇살이 우리를 비춰줄 때
아주 큰 창 베란다가 있는 집

쇼파에 앉아계신 우리 엄마를 바라보았을 때
파란 바다 위
크루즈 선상에서 미소 짓고 있는 우리를 떠올렸을 때
43년 만에
부모님을 합장하고 돌아오는 길을 추억할 때

저 멀리
복숭아꽃이 분홍빛으로 들녘을 물들일 때
벚꽃이 흐드러져
하얀 꽃비가 내릴 때
저 벌판
초록 새싹들이 춤을 출 때

나는 자연과 함께 여행하면서
시를 쓰겠다

15.

나의 글이 되었다

| 문상희

5월의 장미를 맞이하는
나의 설렘
고등학생 시절
용돈은 적고
좋아하는 남학생에게
좋아한다고 표현을 해야 하니
도둑질 빼고는 다 해보라는
우리 집 가훈과 아버지 말씀을 거역해 가며
밤새 장미 100송이 몰래 꺾어서
내 마음을 전했던 날
그 친구가 말하더군
내 친구를 좋아한다고
그때 장미는 초라했지만
추억의 장미가 된 지금은 미소를 짓는다

연년생인 우리 집 맏딸에게
한 살 차이나는 동생이랑 싸우면
누나가 양보를 해야지
혼내고 매를 들었다
그 아이가 초등학교 1학년 때
앞머리를 쓰다듬어 주려고 했다
아이는 겁에 질려 움찔거렸다
그때 나는 아이에게
미안하다 사과했다
괜찮다며 오히려 나를 안아주던 너
벌써 22살이 된 우리 딸
오늘밤은 네가 너무 그립고 보고 싶다
사랑해
그리고 미안해

추억, 미안함, 고마움, 사랑은
나의 글이 되었다

16.

나의 시절, 음악처럼

| 손임선

저녁이 데리고 온 밤,
한 계단 한 계단
난간을 잡은
작은 손이 밀려오네.
노오란 병아리마냥
앙증맞은 두 발로
한 걸음씩 다가오네.
이내 뛰어올 것 같던 마음이
기다리다 지친 서운함에
잠시 멈칫하네.
오늘도 딸아이가 몇 번을 바라봤을 유치원 문에
시린 내 가슴이 서 있네.
너의 어린 시절은
엄마에게 미안함 사랑 고마움
그 전부였음을.

내 발끝도 보이지 않는 어둠 속에서 더듬어 잡은 마이크에 나를 흘려보냅니다.

오롯이 나를 비추는 핀 조명이

뜨겁기도 때론 따스하기도 했던

스무 살의 그 무대.

객석의 수많은 눈이

매섭기도 하고 부드럽기도 했던

대학 시절 콘서트.

과 동기가 그 날 내 노랠 듣고

그 가수 앨범을 샀었노라,

한참이 지난 서른 즈음에

받았던 늦은 고백도

이젠 아련한 추억이 됐습니다.

인생의 평행이론이 있듯,

5년 전 다시 음악을 시작한 나의 용기에 감사합니다.

나날이 희망을 보기도 합니다.

그렇게 나는 또 무대에 섭니다.

저는,

평생 음악과 함께 할 저를 위해

시를 씁니다.

앞으로도

시를 쓸 겁니다.

음악처럼 그렇게.

17.

일요일 새벽공기와 함께 날아온 | 송태순

이제는 안다
나에게 있어 선생님의 존재는
내 학창 시절의 전부라는 것을.
초등시절
키가 작아 항상 맨 앞자리에 앉아
귀 기울여 수업 듣던 모범생 나.
그런 내가 귀여워 선생님의 사랑을 독차지하던 나.
이성에 눈을 뜨고
내 이상형의 물리 선생님을 좋아했던 나.
고등시절
학업보다는 수학 선생님의 말투, 옷차림, 헤어스타일이
더 관심이 가는 그때 그 시절.
사랑에 대한 열정이 무르익었다.

내 아이가 어릴 때
내 생각의 그릇이 좁아서
내가 집중하는 학업에만 관심을 갖고

나의 이기적 인생그림에만 몰두한 체
딸에게 화를 내고 들은 말,
"엄마가 말하는 그 입이 무서워."
정말정말 두고두고 미안해.
내 생각의 확신과 고집이 강해서
조금만 아버지를 이해하면 되는 것을
가슴 아프게 엄마 마음을 헤집어놓고
여지없이 후회하는 내 모습이
나는 아빠를 닮았다.
그때 엄마가 나에게 했던 말,
"엄마 너무 속상해."
정말정말 두고두고 미안해. 엄마.

아들이 서울에서 집으로 온다고 할 때
천안 있는 딸이랑 이런저런 이야기로 전화 통화할 때
가족이 요리를 맛있게 먹어 줄 때
남편이 근무 마치고 집으로 올 때
아침에 눈을 떴을 때
시 쓸 때 떠오르는 생각과 상상이 자유로울 때
나는 행복하다.
너는 행복해?
네가 행복할 때 나는 무지무지 행복하다.

토요일이면 어김없이 가는
새벽 해독 트래킹
오늘도 다녀왔다.
나를 위해 존재하는 멋진 소나무.
나를 위해 피어 준 이름 모를 야생화.
나를 위해 온 우주가 돕고 있는 새벽 공기.
나를 위해 미리 길을 걸어가 준 사람들.

나는 시를 쓰겠다.
일요일 새벽공기와 함께 날아온

학창시절 추억과
미안했던 기억과
행복했던 날과
자연풍경으로
시를 쓰겠다.

18.

나를 찾아주는 글

| 변혜영

초등학교 3학년
전학 온 정아가
방공시간
선생님 빨갱이는 빨게요?
하고 질문했다.
아이들은 모두
까르르 웃었다
나는 생각했다
빨갱이는 마음이 빨간색일까
얼굴이 빨간색일까
멍 때리며 창밖을
바라보았다

스무 살 아들이
혼자 방문을
주먹으로 내리친다
나는 노크도 없이
벌컥 문을 열고

야단을 친다

아들은 말했다

엄마, 나 그냥 안아주면 안 돼?

아가야, 미안해

가만히 안아주었다

그냥 그렇게 울었다

한참을 그리고

서로 바라보며 웃었다

나의 천사

나의 우주

나의 꿈

너희가 내게로 온 날

온 우주가 내게로 온 날

육십이 넘은 지금

너희는 나에게

친구이고

보호자이고

상담사이자

동반자

저녁을 먹고
뜰 앞 등나무 아래
평상에 누우니
바람과 함께 날아온
아카시아 향기가
샤워를 시켜준다
그 향기에 취해
스르르 잠이 든다

내 안에 잠들어 있는
나를 찾아주는 글쓰기

19.

그때

| 이성숙

비 오는 날이면 생각나는 음식
중1 우리학교 매점에만 있었던
유일한 간식
튀긴 쥐포
신발을 튀겨도 맛있다는 말처럼
땡 소리 무섭게 교실 문 박차고
친구 손잡고 달렸던 나
쥐포 하나 개 눈 감추듯 먹어치우고
만두 하나 우겨넣고 또 달린다
하하호호 웃으며 달린다
10분 쉬는 시간은
우리를 교실로 빨리 가라 밀어붙인다
헐레벌떡 수업 시작 전 도착
눈웃음치는 친구
장마가 시작되는 여름이면 늘 그리워지는
친구와 나의 추억

큰애 같은 아이면 열 명도 키울 수 있겠다

그런데

책상 깊이 숨어 있던

오래된 휴대폰 속

아이들에게 화내는 내 목소리가 들려온다

삶이 무거워 화가 많았던 시절

왜 책상정리 안했어

왜 수건 쓰고 제자리에 두지 않았어

불같은 목소리에

불안해하며 흐느꼈던 큰 딸

가슴이 무너진다

태어나자마자 이모 손에서 자란 두 딸

사랑 가득 주지 못했는데

자기 삶에 최선을 다하는 나의 딸들

고맙고 사랑한다 그리고 미안해

엄마

오래 살아주어 고마워요

책으로 출간된

태아였던 엄마를 상상하며 쓴 글을

엄마께 읽어드렸다
목이 멘다
겨우 읽고 난 나에게 엄마는 말씀하셨다
너희들에게 해준 것도 없는데 잘 자라주어 고마워
엄마는 항상 미안해 하신다
엄마는 항상 고맙다고 하신다
뭐가 그리 미안하신지
뭐가 그리 고마우신지
폭군인 아버지를 향해서도 이렇게 말씀하신다
그래도 너거 아부지잖아
우리 엄마는
하늘에서 보내주신 천사

새벽안개 가득한 아침
벤치에 앉았다
봄에는 벚꽃이
여름엔 연꽃이 나를 반긴다
연못 속 이쁜 잉어들이 나들이를 한다
청둥오리가 목을 파묻는다
분홍색의 벚꽃과 연꽃은
5월의 신부였던 나
환하게 웃던 그때가 사랑스럽다

내 모든 것 기억해 주는 글을 썼다
이것이 행복이구나 싶다

20.

사랑이다

| 김은정

꿈 많고 눈물 많고 웃음 많고 고민 많던
하루에도 몇 번씩 다양한 감정들이 널을 뛰던
열여덟 살 어느 여름날
수업을 마치고 학원을 나서던 어스름한 저녁
세차게 내리는 갑작스런 소나기에
발만 동동 구르며 학원 앞에 서 있었다
수업시간 간간이 쳐다보았던
잘생기고 멋진 남학생이 뚜벅뚜벅 다가왔다
"우산 없으면 같이 쓰고 갈래?"
낮고 청아한 목소리에 가슴이 콩닥콩닥
'뭐라고 말하지?'
속으로 고민하는데
내 귀에 들려오는 한마디가 있었다
"고마워."
친구의 목소리에 급히 옆을 돌아보았다
"은정아, 나 먼저 갈게."
우산 하나를 사이좋게 나눠 쓰고
빗속으로 사라져가는 친구와 그놈

내리는 비를 맞으며 버스정류장으로 간다
이 학원은 이제 끝이다
안녕 유신학원

초등학교 1학년
이제 세상에 나온 지 8년 된 너를
하루 종일 학원에 보내면서도
엄마는 몰랐어
휴대폰도 없이 학교 마치면
무작정 교문 앞에서
학원차를 기다리는 너의 마음이 어땠을지
엄마는 미처 몰랐어
친구들이 엄마 손 잡고 집으로 갈 때
혼자 교문 앞에 서 있는 너의 마음이 어땠을지
지금은 너무나 잘 알겠는데
그땐 정말 몰랐구나
일을 해야 하는 엄마라서
그래서 너를 위한 다른 선택을 할 수 없었던
너를 데리러 교문 앞으로 가본 적이 없는 엄마라서
너무너무 미안해

가끔 너에게 그 시간들에 대해 물어보면
“괜찮았어. 학원 가는 친구들도 많았어.”
늘 쿨하게 대답해주는 너
엄마의 기억 속 그 시간들은
돌아보면 너무 아프고 미안한 시간인데
너에겐 초등학교 1학년의 많고 많은 날들 중 하나라서
특별하지 않은 추억이라서
너무너무 고마워!

비가 보슬보슬 내리던 여름날
사이좋게 우산을 하나씩 나눠 쓰고
아파트 안 화단을 기웃기웃 살피는
엄마와 두 아들
“찾았다.”
“나도 찾았어!”
조심조심 손에 들고 온 달팽이를
작은 통 안에 담고는
또다시 찾으러 간다
한 마리 두 마리 점점 쌓여가는 달팽이들
보슬보슬 내리던 비가 그칠 때쯤

아들들 이마에는 송글송글 땀방울이 맺히고
아파트 화단 안 모든 달팽이들은
어느 새 우리 집 거실로 이사를 왔다

동성로에 새로 생긴 관람차가 있다는 걸 알게 되었다
언젠가 한번은 꼭 가보고 싶은 마음에
등교하던 아들에게 한마디 던져 보았다
"아들, 시내에 멋진 관람차 생겼던데
언제 엄마랑 한번 타러 가자."
"그거 재미없어. 중학생들도 안 타."
그러고는 학교로 쌩 하니 가버린다
무심한 내 아들

그래도 사랑한다

그리고

지난 겨울 캐럴이 들리기 시작하는 크리스마스 무렵

어느 토요일에

"엄마, 오늘 시내 가요. 관람차 타 보고 싶다 했잖아요."

일 년 전에 내가 했던 말을 잊지 않고 기억해 준

살가운 내 아들

이래서 사랑한다

글로 쓰고 나니

모든 게 사랑이었다

21.

우리는 언제 시를 쓸까?

| 이정숙

명절이었지 싶다.
타지서 돈 벌고 온 친구에게서
디스코를 배운다고
수십 명의 친구들과 숲으로 갔지.
숲속 잔디밭에서 춤추며 노래하였지.
잔디밭이 흙 밭이 되도록.

두 돌이 갓 지난 아들을
둘째 아이 낳고 조리한다고
서울에서 대구로 보내던 날을 생각하면
30년이 지난 지금도 가슴이 먹먹하다.
그 아들이 성장하여 장가가던 날,
아버지는 감격하여 울었고
엄마는 씩씩하게 마이크 잡고 말했다.
"지원아, 예진아! 잘 살아라!"
시간이 지나 함께 식사하던 날
"아버지, 어머니 선물입니다."라고 내밀던 카드.
2023년 10월,
내가 할머니가 된단다.
이제는 내가 울었다네.

22.

시절 글쓰기

| 최경순

초등학교 시절이었구나.
개구리를 잡아 친구 도시락에 넣고 도망을 갔다.
친구야, 미안해.

눈이 무릎까지 왔던 날.
개구리, 토끼, 노루 잡으러 간다고 깊은 산속으로 들어갔다.
얼굴도 꽁꽁, 손발도 꽁꽁 얼고 콧물은 훌쩍훌쩍
그래도 산토끼는 포기 못해!
하루 종일 뛰어 다녔다.
엄마한테 엄청나게 혼났다.

잎담배 농사하던 우리 집.
너무너무 더운 여름날
새끼줄에 잎담배 엮기 싫어
친구들과 실컷 놀고 나니
아버지한테 혼날 생각에 겁이 났다.
밤늦게까지 동네를 어슬렁거리고 있을 때,

"니 경순이 아니가? 야야! 너그 집에 니 죽었다고 난리가 났다.
얼른 집에 가 봐라!"
동네 언니 말에 부랴부랴 집으로 달렸다.
뒷산 용바위에서 여자 아이가
'엄마아아아!' 세 번 부르고 뛰어내렸는데,
어른들은 내가 뛰어 내린 줄 알았단다.
엄마는 울고 있고, 동네 어른들은 웅성웅성.
아버지는 이 방 저 방 왔다 갔다 하시다,
나와 눈이 마주쳤다.
아이구야!
난 죽었구나! 싶었다.
동네 어르신들 덕분에 살았다.
그 일 뒤로 우리 집은 잎담배 농사를 하지 않았다.

미안하고 혼났던 지난날을
글로 쓰고 보니 추억이다.

23.

어느 날

| 이려금

연년생 두 아들이 두 살, 세 살이 되던 해
심한 감기에 걸렸다
동네 병원에서 진료를 마치고
작은 아들은 등에 업고
큰 아들은 손잡고 걸어서 돌아오던 길
골목길 들어서니
큰 아들은 길바닥에 털썩 앉아버렸지
일으켜 세웠지만 떼를 쓰며 자기도 업어 달라네
업히고 싶을 때
엄마 등이 필요했을 때
그때 업어주지 못해서 미안해
정말 미안해

고2 어느 봄날
남학생들이 교련 수업 받으러
밖으로 나간 시간
누군가 제안을 했어

남자애들 도시락을 바꿔 놓자고
조금 망설였지만 나도 동참
도시락을 열어본
남학생들의 놀라는 소리가 들렸고
어떤 애는 밥과 반찬을 집어 던지기도 하며
난장판이 된 교실
담임 선생님이 출동하고서야 수습이 되었지
운동장 구석으로 불려 나간 우리는
한낮의 뜨거운 태양 아래서
치마 입은 채
엎드려뻗쳐 벌을 섰지
남자애들의 낄낄대는 웃음소리가
배경음이 된 그날의 점심시간

회갑 지난 후 어느 봄날
우리 반 친구들과 도시락 싸 들고
소풍 가고 싶다
푸른 그늘에
둥글게 모여앉아서
도시락 펼쳐 나눠 먹으며
살아온 얘기 알콩달콩 나누고 싶다
햇살 좋은 어느 봄날에

아픈 내 기억,
푸른 내 기억을 모두 담아 주는
나의 글쓰기

24.

품다

| 김명희

좋아하는 선배의 학교 앞을 서성이며
기다림과 설렘을 품다가도
막상 만나면 우연히 만난 듯 무심히 돌아섰지.

"도둑년아, 내 돈 내놔라!"
딸을 못 알아 봐도 다시 용돈을 드려야 했는데
미안해요 엄마.
다시 돌아간다면 그땐 평범한 엄마의 모습이길요.

"술이 그리 약해서 우짜노?"
세상 편한 차림, 극장 같은 거실에서
맥주 한 캔을 다 마신 남편이
맥주 한 캔도 다 못 마신 나에게 우쭐!
곧 졸고 있을 거면서.

백 번을 찾아가도
백 번을 다른 모습으로 맞아준다.
이제 겨우 봄볕에 얼굴 내밀었는데
옆에 핀 꽃 때문에 무참히 짓밟혀도
너무 자랐다고 가는 길 방해될라 톱날로 잘려나가도
더 이상 버텨낼 힘이 없었는지
비바람 한 번에 부서져버려도
오래 시간 속 내공이었을까.
백 한 번째 찾아간 자연은 나에게 괜찮냐며,
오히려 나를 품어준다.

나는 시와 함께
내 인생을 품겠다.
나는 시와 함께
내 인생을 쓰겠다.

25.

다시 그리고 함께

| 최영혜

수업 시간.
선생님이 칠판에 판서를 하실 때,
필기하는 척 도시락을 까먹었던 날.
내가 좋아하는 영어선생님 수업 시간 전,
쉬는 시간 매점 가서 맛있는 간식을 사 교탁에 올려놓고
제일 앞자리에 앉아 수업 듣던 시절.

내가 힘들거나 피곤할 때
아이들이 나를 부르면
"엄마 피곤해. 니들이 알아서 해."
시큰둥하고 무심하게 대답했다.
시무룩했던 아이들의 모습이 떠오른다.
가슴이 먹먹하고 눈물이 난다.
승윤아, 소영아,
엄마가 미안해.

엄마랑 언니들이랑 내 딸 소영이랑
목욕탕 다녀오며 뜨끈한 칼국수 한 그릇 먹을 때,
석세스트립 크루즈 여행에서
내 생일이라고 남편이 서프라이즈 파티를 해준 날,
울진 출장을 준비하는데
바닷바람 쐬고 싶다고 온가족 출동해서
즐거운 시간 보내며 그들의 행복한 모습을 보던 날.

팔공산 종주 가실 분?
뭐라고요?
그냥 걷는 것도 힘들어 했던 나였다.
신기하게도 저요 저요!
두 손 번쩍 들었다.
종주 당일,
10시간 동안 얼마나 행복하던지
다시 가고 싶다.

나는 시를 쓰겠다.
내 삶의 다양한 경험과 추억을 생각하며
시를 쓰겠다.

26.

방긋

| 김순자

좁은 골목길을 지나갈 때마다
사랑이 넘치는 비밀정원이
나를 반기네

내가 온 줄 알고
비밀정원이 방긋 미소를 짓네

꽃들에게 전해주는 말
나를 반겨주어서 너무 고마워
사랑합니다

27.

허허, 내 인생

| 김민아

동네 어귀
골목마다 쌀대박 들고
엄동설한 달빛마저 웅크려 있던 밤
쌀 좀 빌려 주세요
입이 얼어버린 듯
치맛자락 눈물 젖어 세월 한탄 절로 날 터
손과 발도 꽁꽁 얼음
달님이 눈 번쩍 뜨고 마음 호호 어루만져주네
그 날 밤 우리 배를 쓸어 주시며 뒤돌아 누워 우셨을
내 어머니
나는 모든 골목을 누비며 넉넉히 쌀을 나눈다
어머니께서 웃으신다

남편과 바이크를 타고 제트보트를 탄다
오륙도를 가로질러 해운대 연하리까지 바람이 되어 달린다

밥하기 덥고 귀찮제?

나가서 사 먹자
매일이 내 생일이 된다
아들 이렇게 혼자 훌쩍 커버렸네!
부족함 없이 키워주셔서 감사드린다 말하던 날

돌 틈 사이 작은 아가
붓꽃이 애써 천연덕스럽게 활짝 핀 걸 볼 때
타닥타닥 무쇠솥 누룽지 구숩게 쪄지는 소리
이랴
흰 콧수염 농부 할배 소쟁기질 소리
참 잡수이소
등 굽은 할매 탁빼기 물국수 이고지고 오는 소리

나는 시를 쓰겠다
추억이 된 내 인생 오감을 벗 삼아
몰입을 벗 삼아
시를 쓰겠다

28.

너무 진짜

| 김경아

500원의 용돈
수업이 마치길 기다리는 것은
너무 지겹다

눈앞에 어른거리는
잡채 위 떡볶이들

바글거리기 전에 먼저 가야할 텐데

수업이 마치길 기다리는 것은
진짜 너무 힘들다

도대체 마침 종은 언제 치는 거야

그 추억과 기다림이 글이 되어
지금은 너무 행복하다
진짜 너무 좋다

29.

맛집

| 정지원

12시 종이 울리면
빛의 속도로 뷔페가 차려진다.

하얀 밥
잡곡밥
나물반찬
고기반찬.

밥도 맛있고
반찬도 맛있고
내 앞에서 신나 웃던
너의 웃음도 맛있다.

학교 다닐 때 먹던 도시락은
생각만 해도
맛있다.

맛있는 추억과 함께
맛있는 글
또 써야지!

30.

감사하고 감사하며

| 윤향옥

"저리 가. 귀찮아. 좀 떨어져!"
어린 너를 밀쳐내고
밤에는 잠든 너를 보며 한없이 미안해하던 날.

"괜찮아. 엄마가 옆에 있어. 많이 놀랐지? 이리 와, 안아줄게."
캄캄한 화장실 안, 함께 갇히게 되었던 그 때,
내 몸과 마음이 굳어버려 나보다 더 무서웠을 너에게
따스한 말 한 마디 건네지 못했던
못난 엄마의 모습으로 지금까지 자책하고 있는 하루하루.

엄마의 잔소리에 나도 모르게 소리 질렀던 날.

아무 생각 없이 멍하니 비 내리는 창밖을 내다보던 날.

차 안에서 펑펑 울어대던 날.

가족 여행 떠난다고 행복해했던 날.

남편과 아이들이랑 영화를 재밌게 보던 날.

슬픈 일, 기쁜 일, 나쁜 일, 좋은 일,
모든 것을 같이 할 수 있는 나의 삶.

살아 있음에 감사하며
사랑할 수 있음에 감사하며
성장할 수 있음에 감사하며
이렇게 글을 쓴다.

31.

내 삶을 사랑한다

| 장윤진

미스터 장.
사춘기 소녀들에게 매력쟁이가 되어 얻은 별명.
연예인처럼 한 몸에 사랑 받으며
추억의 시간들이 쌓여갔다.

"언니야, 은아가 우리 효림이 메추리알 다 먹었어."
메추리알 한 개도 아까워하던
알뜰살뜰 구두쇠 스크루지 내 동생 영귀야.
하늘나라에 있는 내 동생 영귀야.
한번만이라도 볼 수 있으면
참 좋으련만.
그곳에서 잘 지내고 있지?
잘 지내고 있는 거지?

4계절의 변화마다
나의 세포도 매번 부활한다.
자연은

1년이라는 시간동안
우리 몸에 있는 감각의 모든 문을 열어
서로를 성장시키고 성숙시켜주는 멘토.

내 생, 내 사람들, 내 자연,
미안합니다.
사랑합니다.
용서합니다.
감사합니다.

나는 글과 함께
나의 모든 것을 표현하고 싶다.
나는 글과 함께
내 삶을 사랑한다.

/ 산중문답 /

왜 푸른 산에 사느냐 물으셨나요?
굳이 웃으며 대답하지 않음은
마음이 절로 한가롭기 때문이라오.

- 이백 -

세 번째 이야기.

Red에게 : 태양의 또 다른 이름, 몰입

Immersion

01.

뿌듯한 자유

| 변혜영

나는 자유다.
바람을 타고 하늘을 날아오른다.
때로는 밤하늘 은하수가 된다.

나는 뿌듯하다.
우리들의 여름을
신나게 마감하는 날,
흐뭇한 마음에
감사하며 미소 짓는다.

02.

나의 항해

박정애

조용한 음악을 들으며
나만의 시간으로 몰입한다.

건강한 삶을 위해 노력하는 나.
생각과 마음을 늘 새롭게 하는 나.
범사에 감사한 마음을 지키는 나.
나를 성장시키고,
나를 지킨다.

나는 바다가 된 것 같다.
참으로 오랜만이다.
글쓰기를 하며 몰입하게 되었다.
바다처럼 그 깊이와 내면을 다 알 수 없지만
나를 찾아가고 알아가는 항해였다.

나의 마음이 기쁨으로 변해간다.
낯선 일에 도전한 나 자신에게 뿌듯하다.

바쁜 일상을 뒤로하고 여유로운 시간이 주어짐에 감사하다.

글쓰기,

참 고맙다.

03.

나만의 시간에 나는

김나림

나는 따뜻한 음양탕을 마신다.
나는 건강 자유 통찰 감사와 동행한다.
나는 우주가 된다.
나는 감동을 느낀다.
나는 상쾌한 충만함을 가진다.

04.

평온함의 정상

| 이정안

아, 좋다!
내일은
기다리고 기다리던
맨발 해독 트래킹이 있는 날!

소풍을 기다리는 아이처럼
가방을 챙기고
날씨를 살핀다.
기분이 좋아진다.
행복감이 몰려온다.
내일을 위해 얼른 자야지!

드디어
트래킹 시작 장소에 오는 길,
행복감에
몸과 마음이 애드벌룬처럼 부푼다!
세포 하나하나가 깨어난다!

지난주보다 더 예뻐진 산 입구에서
작은 풀, 작은 꽃들과 사진을 찍는다.
헉헉, 후후.
정상을 향한 심호흡과 함께
내 심장의 건강함을 더한다.

자연의 풍광에 감동, 또 감동한다.
"왔어?"
오늘은 보라색 싸리나무 꽃과
개옻나무 열매가 나에게 말을 건넨다.

트래킹 시간은
감동 그 자체다.
감사 그 자체다.
기쁨 그 자체다.
긍정 그 자체다.
평온함을 선물로 받아 내려온다.

05.

아들과 대화하는 엄마

| 김민주

나는 심호흡을 한다.

나는 공감 긍정 한결같음과 함께 살아간다.

나는 늘 그 자리에 있는 나무가 된다.

나는, 감동을 느낀다.
나는, 안심이 된다.
나는, 가슴이 벅차다.
나는, 그저 흐뭇하다.

06.

하늘을 닮다

| 신임선

나는 마음을 정갈하게 하고 기도한다.

나는 즐겁게 협력하고 여유롭게 살아간다.

나는 하늘이 되고 싶다.

나는 만족스럽다.

나는 뿌듯하다.

나는 차분한 마음으로 충만한 삶을 산다.

07.

물방울의 보람

| 이선정

나는,
앞치마를 두른다.
마크로비오틱*의 삶.
신토불이,
일물전체,
음양조화,
중용의 식생활.

나는,
건강 긍정 실천의 삶을 향해 나아간다.

나는,
물방울이 된다.
태초부터 함께한 물방울이 되어
자연물의 에너지를 조화롭게 만든다.

* 마크로비오틱(macrobiotic) : 장수법, 장수식(주로 곡식과 채소)

계절의 변화에 따라
밸런스를 유지하는 자연물
자연과 함께하는
몰입의 시간들.

나는,
요리를 한다.
자연과 내 몸에 귀를 기울인다.

요리와 함께하는 몰입으로
자연의 에너지를 인지하고
자연으로 돌아간다.

08.

바람의 미소

이숙희

나는 건강 긍정 감사를 향해 나아간다.

나는 바람이 되어 어디든 간다.

나는 만족스럽다.

나는 뿌듯함을 느낀다.

나는 신나는 하루를 보낸다.

나는 흐뭇한 미소로 나를 바라본다.

09.

새벽 명상

| 이려금

새벽 시간, 명상에 몰입한다
즐겁고 긍정적이며 한결같음을 추구한다
그리하여
나는 우주와 하나가 된다
나는 고요하고 안락하다
나는 더욱 여유롭고 충만하다

10.

성장하는 몰입

| 윤경희

나는 정리정돈을 한다
나는 감사함으로 자라난다
나는 사랑으로 자라난다
나는 하늘빛 무지개가 된다
나는 미소 짓는다
나는 행복하다

11.

숲 속 나그네

| 박보배

입이 앞으로 쑥 나온다.
숨을 쉬는 듯 안 쉬는 듯,
멈춤이 있는 찰나를 느낀다.
나를 잊는다.
꽃잎에 눈을 두기 전,
예쁜 마음이 먼저 도착해
폴짝 뛰어 내린다.

하늘에는 비행기가 날고
하얀 꼬리가 내 기쁨만큼이나 길게 늘어져 한참을 머문다.
솔방울 뒤태에는
보석세공사의 손길마냥 질서정연한 문양이 새겨져 있다.

내 마음은 어느새 사랑방이 된다.

나는
건강, 자유, 통찰, 깨달음으로
나다움의 여행길에 나그네가 된다.

12.

찰나가 자연이 되는 순간

김명희

가만히 앉아 생각에 잠긴다
기여 통찰 성찰을 향해 나아간다
스스로 그러한 자연이 된다
매 순간 감격스럽다

나는
그러하다

13.

넓고 깊은 나의 시간

| 손임선

진한 커피를 준비한다.
설렌다.
두근대는 심장을 챙길 여유가 없다.
그렇게 나는
나의 시간으로 몰입한다.

나는 우주가 된다.
나는 바다가 된다.
밀려오는 감동을
두 팔 벌려 가슴으로 안는다.

그렇게 나는
바다가 되고 우주가 된다.

14.

대지 위 날개 짓

| 송태순

아!

기다리고 기다리던

해독트래킹 가는 날.

짝사랑하는 연인을 만나듯

발걸음 가볍게

옷차림 가볍게

얼굴엔 웃음꽃 만발하게!

자유롭게 숨을 쉰다.
진정성을 가진 영혼들이 살아 움직인다.
생명의 소중함을 느끼는 감사한 순간이다.
나는 자유, 진정성, 감사를 향해 나아간다.

나는 나비가 된다.
고요한 대지를 날아다니는 가슴 벅찬 날개 짓,
신비로운 꽃과 하늘에 입맞춤하며
황홀한 감정에 춤사위가 예사롭지 않다.
움직임의 몰입은 한 폭의 그림이 된다.

또 다시 그림 그리기를 꿈꾼다.

15.

시작 그리고 충만함

| 이정금

나는 새롭게 시작한다.
자유를 위하여 갱생한다.
결단하고 감사로 마무리한다.
어느새 하늘, 별, 달이 된다.
나는 이 세상 곳곳 충만함으로 존재한다.

16.

배우며 나누며

| 이정숙

식탁에 앉는다.
노트북과 책을 펼친다.
배우고 나눌 준비가 되었다.

나는
건강, 통찰, 여유를 배운다.

나는
배움의 기쁨,
나눔의 보람을 느낀다.
나는
평온하다.

나는 바람 너는 숲,
너도 바람 너도 숲,
서로에게 가치 있는 존재가 된다.

17.

황홀한 요리

이성숙

흥겨운 노래를 튼다.
리듬에 맞춰 춤을 춘다.
식탁 위에 놓인
형형색색 채소와 과일에
황홀함을 느낀다.
이 아이들,
어떤 모습으로 탄생될까?

요리사가 되어
나는 나를 다시 만난다.
행복이란 친구가 함께 온다.

재료들의 향연으로
하나가 되는 조화!
건강하다.
맛나다.
감동이다.

국물 한 숟가락에
나물 한 젓가락에
행복한 표정을 짓는
사랑하는 이의 모습을 본다.
신난다.
뿌듯하다.
나는 더없이 황홀하다.

18.

굿모닝, 모닝

| 김은정

룰루랄라 노래를 부르며 마음속으로 시뮬레이션을 한다.
조심스러운 몸짓으로 너의 시작을 일깨워준다.
작은 진동 후 힘차게 깨어나는 너를 반긴다.

너를 위해 더욱 건강해지고 싶어.

나를 어디로든 데려가 주는 너.
너와 함께라면 가지 못할 길이 없고
가지 못할 곳 또한 없지.

너와 함께 달릴 때면 무한한 자유를 느끼는
나를 발견해.
너와 함께 빗소리를 들을 때면 언제나 평화로운
나를 발견해.
너와 함께 차를 마실 때면 더없이 평온한
나를 발견해.

나의 첫차, 모닝아!

보고 싶구나.

필사의 의미

조경미

쉼표 없는 내 삶 속에서
몰입의 순간을 선택한다.
수도사가 수행을 가기 전 가방을 꾸리듯
책상을 정리한다.
그리고
필사에 빠져든다.

교감하는 사람,
공감해 주는 사람,
누구든 수용하는 사람,
내가 되고 싶은 또 다른 나인가.

나의 성실함은
탁월함과 통찰력을 원한다.

어느새 나는,
새가 되어

마음 하늘을 훨훨 날아다닌다.

홀가분함.

여유로움.

드디어 나는 평온하다.

나를 돌아보는 시간으로

또 다른 나에게 스며든다.

다시 펜을 잡는다.

20.

맨발의 기차

| 김순자

땅에게 물을 듬뿍 준다

맨발
처음 땅에 닿은 내 몸이 행복해한다

맨발걷기를 할 때는
땅이 촉촉해야 느낌이 더 좋단다

어르신들도 촉촉한 땅이 좋은가
표정이 밝으시다

내 마음도 행복하다

우리들은 기차처럼 줄을 지어서
맨발걷기를 한다

21.

행진 인생

| 이영신

폭풍같은 시간이 지나고
나만의 시간,
테마가 있는 음악을 듣는다.

모든 일에는 이유가 있었다.
깨달음도 있었다.
아픈 만큼 성숙했다.
덕분에 난,
묵직하고 든든한 나무가 되었다.

나의 삶은 드라마.
희로애락의 집합체.
사랑, 지혜, 열정, 감사도 배여있다.
벅찼으나 행진하듯 잘 살아왔다.

나의 흘러온 인생에
격려와 박수를!

22.

너를 만나서

최경순

너를 만나기 전,
하늘을 본다.
너를 만나기 전,
가슴이 뛴다.
너를 보는 순간,
숨을 쉴 수가 없다.
나를 기다려준
너의 모습이
경이롭다.

너를 볼 때
나는 자유하다.
너를 보면
나는 느긋해진다.
너를 보면
나는 어린 아이가 된다.
호기심과 열정으로

오늘도 성장한다.

나는 뿌듯하다

나는 신난다.

나는 황홀하다.

나는 행복하다.

야생화

너를 만나서.

변산바람꽃

타래난초

꽃여뀌

청노루귀

가시연꽃

길마가지

노랑무늬붓꽃

동강할미꽃

23.

그들과 함께 그곳에서

| 노신희

나는

그들을 생각한다.

나는

그들과 즐거움, 긍정, 용기를 함께 나누고 싶다.

그 순간을 생각하고 기다리고 떠나는 나는

뭉게구름이 더없이 펼쳐져 있는 화창한 하늘이 되고,

살포시 걸쳐진 무지개가 이쁜

설렘 가득한 하늘이 된다.

그들과 함께 음식을 먹는다는 건,

그들과 함께 시간을 보내고 싶다는 건,

가슴 벅찬 행복이다.

약속의 설렘,

기다림,

함께할 그곳,

함께 먹는 음식,

함께 하는 시간,

그곳의 소리,

그곳의 공기,

그곳의 향기,

우리의 대화,

그리고

그들.

충만하다.

24.

나의 작은 우주

| 최영혜

함께 하는 사람들.
한 분 한 분의 얼굴 표정을 상상하며
나의 아이디어를 선물로 준비한다.
돌아가는 발걸음에선 행복이 창조되어 있겠지?

교감하고 공감한다.
나의 작은 우주는 자신감이다.
나의 작은 우주는 감동을 만들어 낸다.

나는 그들이 된다.
그리고 우린,
추울 땐 포근하게
더울 땐 시원하게
다채롭고 아름다운 매 순간을 함께 하며
모든 것을 안아준다.

함께 살아가는 내 삶,

감동적이고

보람 있고

뿌듯하고

신나고

흐뭇하다.

25.

공존

| 김민아

버킷리스트를 작성한다.
흥얼흥얼 힘차게 이루어낸
환희의 상상을 해본다.

나는 건강, 지혜, 겸손, 유연함과 함께 나아간다.
건강은 나의 자아실현에 밑거름,
지혜는 현실을 헤쳐 나갈 직진의 화살표,
겸손은 사람됨의 본바탕,
유연함은 기분이 태도가 되지 않게 하는 성찰.

나는 무지개가 된다.
나의 고요함은 감격스럽다.
드디어 뿌듯함과 벅참이
공존해 온다.

26.

새벽 산행

| 정지원

캄캄한 새벽에
잠을 깨운 거 같아
미안했다.

귀신도 잘 시간에
노크도 안 하고
무작정 쳐들어 간 거 같아
한 걸음 한 걸음 조심스러웠다.

그래도 촉촉하고 신선한 공기가 좋았고
맨발에 닿는 차가운 땅의 느낌도 좋고
초록초록 피는 새싹들도 너무 예쁘고 기특하더라.

그래서 말인데
나 다음 주에
또 갈게.

27.

완성된 미래

| 문상희

비 오는 날
잔잔한 음악
조용한 장소

자유 진정성 여유를 붓 삼아
넓은 하늘을 스케치북 삼아
나는 미래를 그리는 화가가 된다

감동적이다
벅차다
평온하다

나의 찬란한 미래는 이미 완성되었다

28.

나를 만나는 나

| 장윤진

내면 아이를 만난다.

강인함과 소심함이 공존하며
나와 살아간다.

모든 것이 나다.
그리고 나는,
나를 표현하며 살아가는 예술가가 된다.

나는, 열정을 느낀다.
나는, 가슴이 벅차다.
나는, 마음의 공간을 받아들인다.
나는, 감사로 하루를 마무리한다.

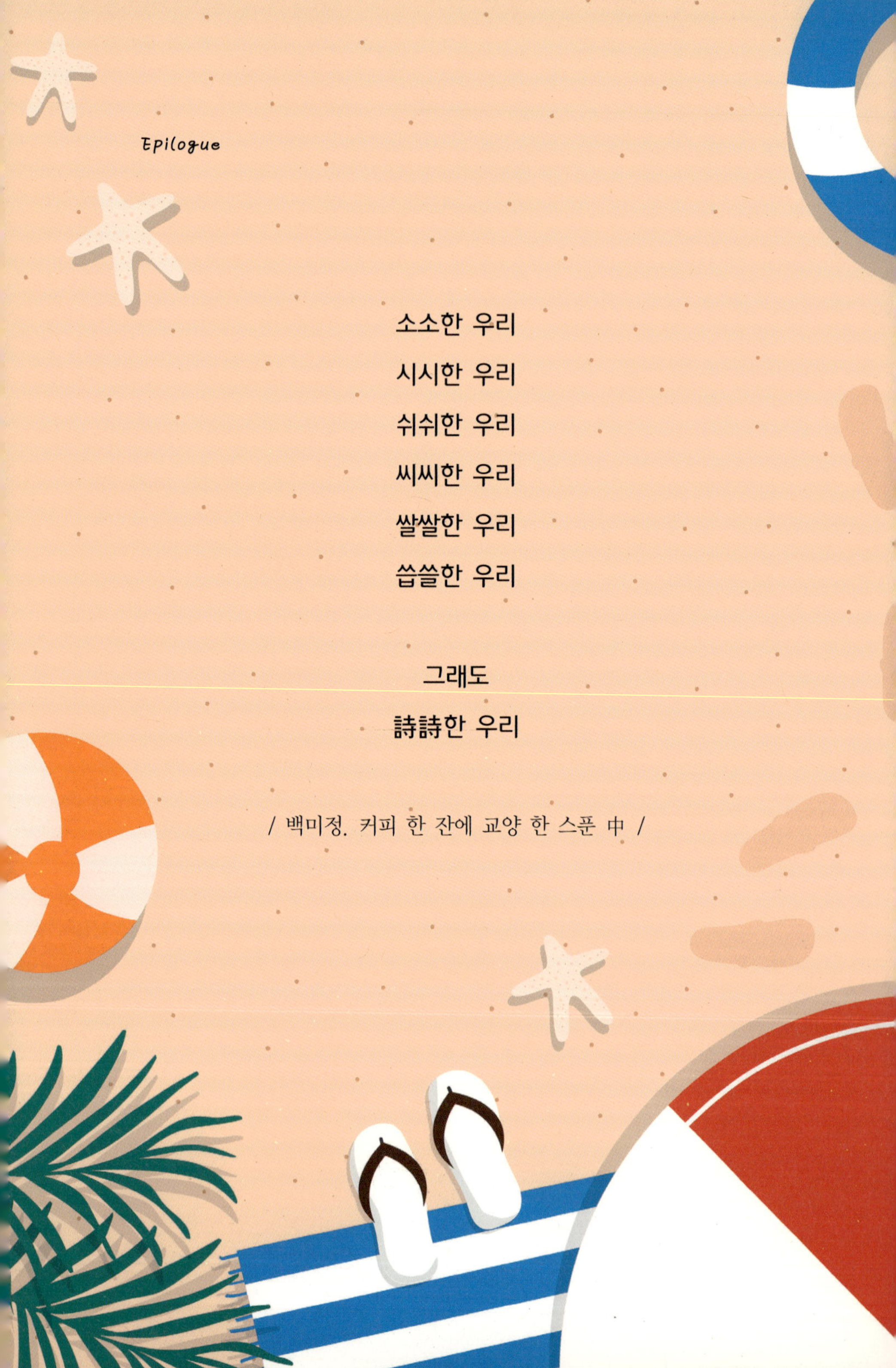

Epilogue

소소한 우리

시시한 우리

쉬쉬한 우리

씨씨한 우리

쌀쌀한 우리

씁쓸한 우리

그래도

詩詩한 우리

/ 백미정. 커피 한 잔에 교양 한 스푼 中 /